TRABALHO DE CONCLUSÃO DE CURSO (TCC)

Guia de Elaboração Passo a Passo

Dados Internacionais de Catalogação na Publicação (CIP)
(Câmara Brasileira do Livro, SP, Brasil)

Santos, Clóvis Roberto dos.
  Trabalho de conclusão de curso (TCC) : guia de elaboração passo a passo / Clóvis Roberto dos Santos. - São Paulo : Cengage Learning, 2017.

  4. reimpr. da 1. ed. de 2009.
  Bibliografia
  ISBN 978-85-221-0800-8

  1. Teses 2. Trabalhos científicos - Metodologia 3. Trabalhos científicos - Normas I. Título

09-12423   CDD-501.8

Índice para catálogo sistemático:

1. Trabalhos de Conclusão de Curso : Metodologia 501.8

TRABALHO DE CONCLUSÃO DE CURSO (TCC)

Guia de Elaboração Passo a Passo

Clóvis Roberto dos Santos

CENGAGE
Learning·

Austrália • Brasil • Japão • Coreia • México • Cingapura • Espanha• Reino Unido • Estados Unidos

Trabalho de Conclusão de Curso (TCC) – Guia de Elaboração Passo a Passo
Clóvis Roberto dos Santos

Gerente Editorial: Patricia La Rosa

Editor de Desenvolvimento: Fábio Gonçalves

Supervisora de Produção Editorial: Fabiana Alencar Albuquerque

Copidesque: Fernanda Batista dos Santos

Revisão: Luicy Caetano de Oliveira

Diagramação: Cia. Editorial

Capa: Eduardo Bertolini

© 2010 Cengage Learning Edições Ltda.
Todos os direitos reservados. Nenhuma parte deste livro poderá ser reproduzida, sejam quais forem os meios empregados, sem a permissão, por escrito, da Editora. Aos infratores aplicam-se as sanções previstas nos artigos 102, 104, 106 e 107 da Lei nº 9.610, de 19 de fevereiro de 1998.

Esta editora empenhou-se em contatar os responsáveis pelos direitos autorais de todas as imagens e de outros materiais utilizados neste livro. Se porventura for constatada a omissão involuntária na identificação de algum deles, dispomo-nos a efetuar, futuramente os possíveis acertos.

As editoras não se responsabilizam pelo funcionamento dos links contidos neste livro que podem estar suspensos.

> Para informações sobre nossos produtos, entre em contato pelo telefone **0800 11 19 39**
>
> Para permissão de uso de material desta obra, envie seu pedido para **direitosautorais@cengage.com**

© 2010 de Cengage Learning. Todos os direitos reservados.

ISBN-13: 978-85-221-0800-8
ISBN-10: 85-221-0800-5

Cengage Learning
Condomínio E-Business Park
Rua Werner Siemens, 111 – Prédio 11
Torre A – conjunto 12
Lapa de Baixo – 05069-900
São Paulo – SP
Tel.: (11) 3665-9900 – Fax: (11) 3665-9901

Impresso no Brasil.
Printed in Brazil.
1 2 3 4 5 6 7   13 12 11 10 09

Dentre os sentimentos humanos mais nobres, destaco a AMIZADE, identificada por simpatia, sinceridade, estima e respeito entre as pessoas, palavra que escolhi para homenagear os meus sinceros e leais AMIGOS, com os quais compartilho diuturnamente o viver nas caminhadas antes e durante o alvorecer no Parque Prefeito Celso Daniel de Santo André e em outras atividades sociais.
A eles e suas famílias o meu muito obrigado pelo convívio e amizade:

Antônio Alba
António Sanches Sanches
José Bueno Lima
José Luiz Favaron
Luiz André
Pedro Cia
Pedro Quintílio
Rudenei Daros
Seisyo Gilberto Nakazone

Na área do pensamento e da expressão filosófica e científica, certas exigências de organização prévia e de metodologia de execução se impõem. Já não se pode conceber, a não ser depois de amadurecido o raciocínio, a elaboração de um trabalho científico ao sabor da inspiração intuitiva e espontânea, sem obediência a um plano e aplicação de um método.

Antônio Joaquim Severino
(educador brasileiro contemporâneo)

Sumário

Introdução   XI
1ª Parte   Projeto de Pesquisa: Elementos Básicos   1
2ª Parte   Trabalho de Conclusão de Curso (TCC)   7

- 1 Conceituação   7
- 2 Características   11
- 3 Planejamento   13
- 4 Estrutura   15
    - 4.1 Elementos pré-textuais   15
    - 4.2 Elementos textuais   15
    - 4.3 Elementos pós-textuais   15
    - 4.4 Conteúdo dos elementos textuais   15
    - 4.5 A formatação do TCC   22
    - 4.6 Normas para a apresentação escrita   29
- 5 Casos Especiais   30
    - 5.1 Citações   30
    - 5.2 Notas de rodapé   31
    - 5.3 Ilustrações   32
    - 5.4 Abreviatura dos meses   33
    - 5.5 Indicação de horas   33
    - 5.6 Utilização dos números   33
- 6 Normalização das Referências   35
    - 6.1 Nome do autor   35
    - 6.2 Título   36
    - 6.3 Edição do documento   36
    - 6.4 Local da publicação   36
    - 6.5 Editora   37

    6.6 Data   37
    6.7 Número de páginas   37
    6.8 Casos especiais de referências   38

Referências   39

Apêndices   41

    I Papel e margens   41
    II Capa   42
    III Folha de rosto   43
    IV Epígrafe/Dedicatória   44
    V Agradecimentos   45
    VI Resumo   46
    VII Sumário   47
    VIII Siglas   48
    IX Leitura – Monografia: orientador, orientando e outros bichos   49
    X Pleonasmo – Tautologia   51

Anexos   53

    I Modelo de elaboração de projetos de pesquisa acadêmica   53
    II Modelo de elaboração de projetos de pesquisa acadêmica sugerido por Santos e Noronha   55
    III Leitura 1 – Maionese e café   56
    IV Leitura 2 – Cursos e programas de pós-graduação   57
    V Leitura 3 – A importância da leitura   59
    VI Leitura 4 – Sobre a vírgula   60

Sobre o Autor   61

Introdução

As inúmeras e diversificadas atividades docentes e não docentes em instituições de educação superior, em cursos de graduação e de pós-graduação *lato* e *stricto sensu*, ampliaram nossa percepção das dificuldades que os alunos encontram na elaboração de trabalhos acadêmicos científicos, especialmente os denominados Trabalhos de Conclusão de Curso (TCC). Uma das razões pode ser a não existência da disciplina Metodologia Científica ou Metodologia do Trabalho Científico ou equivalente na matriz curricular de muitos cursos, sua carga horária insuficiente ou a não percepção, por parte dos estudantes, de sua importância para a vida acadêmica e profissional.

Acresce que nossos professores da educação básica, e mesmo da superior, não se preocupam muito em trabalhar a didática em que a pesquisa seja um dos instrumentos pedagógicos. Nossa opinião é de que esse processo de ensino poderia ser utilizado desde a pré-escola de forma constante, de cunho não científico, mas sim educativo, adequado às respectivas faixas etárias e conforme as propostas pedagógicas específicas de cada curso, disciplina ou atividade escolar.

Na tentativa de ajudar a solução, em parte, dessa questão, e atendendo também aos pedidos de professores e alunos dos diversos cursos de instituições de educação superior, pensamos em elaborar o presente trabalho, muito simples, um guia mesmo, no qual colocamos os conceitos básicos, as características, o planejamento e as partes de um TCC (introdução, desenvolvimento, considerações finais e sua parte referencial), assim como as normas para a apresentação gráfica com seus elementos pré-textuais, textuais e pós-textuais e outros aspectos importantes a serem considerados, obedecendo às normas da ABNT (NBR 6023).

1ª Parte
Projeto de Pesquisa: Elementos Básicos

> *Se vivemos num mundo em que a técnica avança na medida inversa do respeito, da solidariedade e da justiça, há poucas esperanças para qualquer profissional de um trabalho de boa qualidade.*
>
> Terezinha Rios (educadora
> brasileira contemporânea)

Os dicionários, as enciclopédias e obras congêneres nos dão boas informações sobre o significado da palavra *projeto* (do latim *projectu*, particípio passado de *projicere*, que significa "lançar para diante"): *plano, intento, desígnio, empresa, empreendimento* ou *redação provisória de lei* e *plano geral de uma edificação*. No dia a dia, encontramos, a todo o momento, expressões como: "projeto de curso", "projeto pedagógico", "projeto de ensino", "projeto escolar", "projeto financeiro", "projeto de vida", "projeto de governo" e assim por diante, sempre com o sentido de que todo projeto "... é uma antecipação do vir a ser de algo que, *relativamente ao futuro, pode ser qualificado como possível*" (*Enciclopédia Einaudi*, s.d., p. 59) ou também "... um esboço, desenho, guia da imaginação ou semente de ação, um projeto significa sempre uma antecipação, uma referência ao futuro" (Machado, 1997, p. 63) ou, ainda, "... não é uma simples representação do futuro, do amanhã, do possível, de uma 'ideia', é o futuro 'a fazer', um amanhã a concretizar, um possível a transformar em realidade, uma ideia transformada em ato" (Barbier, 1993, p. 52).

Assim, o *projeto de pesquisa*, como qualquer projeto científico, é um processo a ser considerado uma etapa importante do TCC, porque estabelece a conexão entre pensamento, execução, avaliação, revisão e correção de uma pesquisa.

Qual é, então, o significado de *pesquisa*? Pode ser uma atividade voltada para a solução de problemas, uma busca, uma indagação, uma investigação, uma inquisição da realidade para, no âmbito da ciência, elaborar um conhecimento a fim de compreender melhor a realidade na qual estamos inseridos. A palavra *pesquisa* vem do latim, via espanhol. Os dicionários dizem que o verbo *perquiro* significa "procurar, buscar com cuidado, procurar por toda parte, informar-se, inquirir, perguntar, indagar bem, aprofundar a busca". O particípio passado do referido verbo latino era *perquisitum*, que no português deu "pesquisar", isto é, buscar com cuidado e profundidade e, portanto, nada de superficialidade. Assim pesquisar é uma "... investigação feita com o objetivo expresso de obter conhecimento específico e estruturado sobre um assunto preciso" (Bagno, 2000, p. 18).

Em dois dicionários consultados, encontramos os seguintes significados do termo *pesquisa*: "... investigação e estudo minudentes e sistemáticos, como o fim de descobrir ou estabelecer fatos ou princípios relativos a um campo qualquer do conhecimento" (Aurélio, 1979, p. 1078) e "... conjunto de atividades que têm por finalidade a descoberta de novos conhecimentos no domínio científico, literário, artístico etc." (Houaiss, 2001, p. 2200).

O Projeto de Pesquisa é o primeiro passo para a elaboração de um trabalho acadêmico científico e, portanto, "... fazer um projeto de pesquisa é traçar um caminho eficaz que conduza ao fim que se pretende atingir, livrando o pesquisador do perigo de se perder antes de o ter alcançado" (Rudio, 2003, p. 55).

Tratando-se do início de uma produção científica, é normal a insegurança dos pesquisadores, tanto no aspecto dos objetivos como no da elaboração, segundo preceitos e normas estabelecidos, que devem ser aprendidos gradativamente, à medida que surgem dúvidas sobre a forma correta de sua feitura. Para diminuir algumas dificuldades, comuns antes e durante a elaboração de qualquer trabalho acadêmico-científico, destacamos as seguintes considerações:

1. Um projeto de pesquisa visa ao levantamento metódico das etapas de um trabalho científico e favorece, além da ampliação dos conhecimentos exigidos em qualquer área de atuação, o amadurecimento pessoal.
2. O tempo destinado à elaboração do trabalho acadêmico-científico deve ser cuidadosamente calculado, levando-se em conta a duração de cada etapa a ser cumprida e o prazo estipulado pela instituição à qual o pesquisador está vinculado.
3. Um projeto bem elaborado garante:
   - A viabilidade da execução das atividades propostas em função do tempo disponível, isto é, o cronograma deve ser bem calculado;
   - A análise da possibilidade de limitação metodológica e a consequente adaptação dos métodos, ou seja, o pesquisador deve ter domínio completo da metodologia a ser usada;
   - O levantamento das despesas com pessoal, material de consumo e material permanente, no caso de projetos financiados. Nos TCCs, as despesas com materiais utilizados ficam geralmente a cargo do pesquisador;
   - A possibilidade de a instituição conhecer sua integridade ética. Toda instituição tem um colegiado ou órgão responsável pela análise dos trabalhos do ponto de vista

ético, especialmente os relacionados às cópias de trechos ou as de textos sem a devida referência, plágio etc.;
- A avaliação por parte das fontes financiadoras, quando for o caso, para a realização da pesquisa; e
- Uma maneira de ingressar nos cursos de pós-graduação *stricto sensu*, uma vez que um dos critérios de classificação do candidato, na maioria das instituições de ensino, é a análise do projeto de pesquisa.

A importância da elaboração do projeto de pesquisa pode parecer insignificante para o iniciante, que se mostra ansioso por começar o TCC. Porém, com o decorrer do tempo, este perceberá que o esforço despendido na elaboração do projeto será revertido em ganho de tempo e energia durante a execução do trabalho, pois elimina o improviso e, também, a possibilidade de se perder antes de atingir os objetivos.

Durante a elaboração do projeto, tem-se a oportunidade de:

- Sedimentar suas ideias;
- Testar a viabilidade de cada etapa pretendida;
- Planejar o tempo dispensado à execução de cada tarefa; e
- Refletir sobre as possíveis ramificações do trabalho e a maneira mais direta de atingir seus objetivos, evitando, desse modo, surpresas desagradáveis.

A mesma ideia é compartilhada por Gil (1996), em relação ao planejamento das atividades educacionais:

> O estágio atual do desenvolvimento da humanidade exige que os homens se valham intensamente de suas capacidades de reflexão e de planejamento. Mediante a reflexão, o homem interpreta a realidade em que vive de forma cada vez mais aprimorada, favorecendo, assim, condutas inteligentes nas situações novas que lhe são apresentadas. Mediante o planejamento, o homem organiza e disciplina sua conduta, tornando-se capaz de desempenhar atividades cada vez mais complexas. (p. 33)

Como ressalta Rudio (2003), um roteiro bem elaborado e detalhado não é suficiente para a realização da pesquisa, a qual, além de ser planejada, deve brotar da criatividade e da intuição do pesquisador. No fim deste livro, há *anexos* com dois modelos para a elaboração de um projeto de pesquisa: um proposto por Gil (1996) e outro por Santos e Noronha (2005), bastante objetivos e práticos. Alertamos que há, além das duas citadas, na literatura específica, inúmeras sugestões e outros modelos de projetos de pesquisa como Spector (2001, p. 47) e Rudio (2003, p. 132), obras constantes das *referências* deste livro.

2ª PARTE
Trabalho de Conclusão de Curso (TCC)

> *É melhor fazer as coisas sistematicamente,*
> *uma vez que nós somos somente humanos,*
> *e a desordem é a nossa pior inimiga.*
>
> Hesíodo (poeta grego da primeira
> metade de século VIII a.C.)

1 Conceituação

As matrizes curriculares vigentes nos diversos cursos de graduação da educação superior registram uma atividade para que o aluno, antes do fim do curso, elabore um Trabalho de Conclusão de Curso (TCC) como um dos quesitos para a avaliação do processo ensino-aprendizagem. Nos cursos de pós-graduação, *lato sensu*, especialmente os de especialização, há a mesma exigência, comumente denominada *monografia* que não deixa der ser um TCC. Nos programas de Mestrado e Doutorado, há a exigência de defender, respectivamente, a *dissertação* ou a *tese*, que são também *monografias científicas*, conforme a maioria dos autores, cuja posição nos leva a concluir: a *monografia* é gênero, enquanto o *TCC*, a *dissertação* e a *tese* são espécies. A citação a seguir corrobora nossa afirmação:

> Tanto as teses de doutorado como as dissertações de mestrado são, pois, monografias científicas que abordam temas únicos, servindo-se de um raciocínio rigoroso, de acordo com as diretrizes lógicas do conhecimento humano, em que há lugar tanto para a argumentação puramente dedutiva, como para o raciocínio indutivo baseado na observação e na experimentação. (Severino, 2002, p. 152)

Monografia é, então, um trabalho científico desenvolvido levando-se em conta um tema específico no contexto do curso (graduação e pós-graduação *lato sensu*) ou programa (pós-graduação *stricto sensu*) realizado numa instituição de educação superior. Tratando-se de um trabalho científico, o tema definido deverá ter um tratamento metodológico de pesquisa na busca da compreensão das questões em foco.

Quanto ao termo *monografia*, de acordo com as fontes consultadas, os conceitos se assemelham em muitos aspectos, a maioria deles toma por base a etimologia da palavra (origem grega): *mono* (um) e *grafia* (escrita), isto é, um trabalho escrito sobre um único tema. A Associação Brasileira de Normas Técnicas (ABNT) pela P–TB–49/67 assim diz: "Monografia é o documento que apresenta a descrição exaustiva de determinada matéria, abordando aspectos científicos, históricos, técnicos, econômicos, artísticos etc.".

Iskandar faz as seguintes observações:

> De acordo com a NBR 13899/93, monografia é um documento completo constituído de uma só parte ou de um número pré-estabelecido de partes separadas.
> A rigor, monografia é um trabalho minucioso e aprofundado de um determinado tema. Sendo assim, somente uma Tese de Doutorado pode receber este nome, dada a importância científica e o ineditismo do assunto. Entretanto, algumas Dissertações de Mestrado também podem ser chamadas de monografias quando apresentam conteúdos relevantes e pesquisa científica de nível elevado.
> Então, pelo exposto, é impróprio atribuir aos trabalhos acadêmicos de conclusão de curso e outros o nome de monografia. Contudo, atualmente, ficou consagrado pelo uso aplicar a denominação monografia para diversos trabalhos de natureza acadêmica, inclusive o TCC. (2000, p. 11)

Registramos, então, algumas observações relevantes e úteis para quem está iniciando esse tipo de trabalho acadêmico:

- Não é correto usar o termo *monografia* para designar, de forma generalizada, todo tipo de trabalho elaborado durante a realização de um curso ou programa, ainda que com base em investigação científica e mesmo consagrado pelo uso, como é comum acontecer;
- O termo *monografia* tem sido mais usado, não muito corretamente, em trabalhos de conclusão de cursos de pós-graduação *lato sensu* e de especialização, que, mesmo sendo monográficos, não passam de TCCs;
- Para os cursos de pós-graduação *stricto sensu,* empregam-se os termos *tese* para o Doutorado e *dissertação* para o Mestrado, que são monografias, como já dito.

Como trabalho de graduação que encaminha o aluno à iniciação científica no campo da pesquisa, o *tema* deve ser tratado com alguma profundidade. A redação do TCC exige do autor um bom conhecimento do assunto ou problema, obedecendo a um tratamento metodológico aprofundado e exaustivo de investigação que não deve ser confundido com extensão. Logo, o importante é a forma séria e científica de abordar um assunto e não o número de páginas ao fim do trabalho. Não encontramos referência quanto à extensão de uma *monografia*, mas o bom senso do orientador e do orientado, a complexidade do tema abordado, a seriedade e a honestidade que devem estar sempre presentes na vida acadêmica, assim como a relevância e a contribuição para a ciência vão responder algumas questões sempre levantadas pelos alunos: "Quantas páginas deve ter uma *monografia*?" ou "qual o mínimo de páginas que deve ter meu TCC?". Não sabemos, apenas informamos que já vimos excelentes trabalhos com pouco mais de 40 páginas e péssimos, com mais de 200. O principal é que a *monografia* seja uma forma de estudo de um tema (unicidade) delimitado, com atualidade e originalidade acompanhadas de uma contribuição importante para a ampliação do conhecimento específico. Demanda longo trabalho, muita dedicação e permanente disciplina. Nesse sentido, vejam a opinião de um bom autor:

> O valor da monografia está na apresentação de um estudo cujas reflexões estejam baseadas nas informações encontradas sobre o tema. O recolhimento de dados, a descrição de objetos ou processos são apenas partes do trabalho. Após este processo, é preciso analisar e interpretar para que realmente ocorra a ampliação do conhecimento sobre o tema específico. (Nadólskis, 2003, p. 150)

O importante é que a *monografia*, além da atualidade e originalidade, tenha unicidade, isto é, seja uma forma de estudo de um tema delimitado e contribua fundamentalmente para a ampliação do conhecimento naquele campo específico. Demanda longo trabalho, muita dedicação, organização e permanente disciplina. A falta desta, principalmente, tem sido uma das características da maioria das produções científicas, conforme Triviños:

> A indisciplina, a que fazemos referência, pode ser definida como uma ausência de coerência entre os suportes teóricos que, presumivelmente, nos orientam e a prática social que realizamos. Confusamente, nos movimentos dominados por um ecletismo que revela, ao contrário do que se pretende, nossa informação indisciplinada e nossa fraqueza intelectual. A maioria dos trabalhos, denominados dissertações de mestrado ou teses de doutorado, oferece larga margem para verificar nossa assertiva. A mistura de correntes de pensamento, as citações avulsas fora do contexto etc., não só desses tipos de criatividade intelectual mencionados, mas também de textos que circulam nos meios pedagógicos etc., são facilmente detectáveis por quem costuma trabalhar dentro dos limites de uma linha definida de ideias. (1987, p. 15)

As diferenças entre *monografia* e outros tipos de trabalhos feitos numa situação escolar estão relacionadas:

- Ao nível da pesquisa e a consequente profundidade do estudo;
- Às suas finalidades: a *monografia*, além de satisfazer a um requisito para a obtenção de grau, refere-se a uma contribuição científica;
- À metodologia utilizada para levantamento, apresentação e interpretação dos dados;
- À forma do relato e da comunicação, por escrito, sobre os conteúdos investigados, refletidos e descobertos.

Podemos afirmar que são requisitos básicos em uma *monografia* a:

Unicidade: redução da abordagem a um só tema;
Qualidade: tratamento exaustivo e profundo do tema, sem muita preocupação com a quantidade;
Pesquisa: necessidade de investigação científica como suporte;
Relevância: condição de apresentar uma contribuição pessoal e original para o progresso do conhecimento;
Metodologia: acatamento das regras e normas vigentes em todo o processo de execução do trabalho.

Com esses enfoques, espera-se que o trabalho monográfico se caracterize mais pela unicidade, delimitação do tema e profundidade do tratamento do que por sua eventual extensão e/ou generalidade.

2 Características

Pelo exposto, um bom TCC caracteriza-se por:

- Ser um trabalho escrito, sistemático e completo;
- Desenvolver um tema específico ou particular de uma ciência, arte ou parte delas;

- Ser um estudo pormenorizado e exaustivo, abordando vários aspectos e ângulos do caso;
- Ter um tratamento extenso em profundidade, mas não em alcance, pois neste caso é limitado;
- Seguir a metodologia científica;
- Contribuir com um conhecimento importante para a ciência ou para as demais áreas do conhecimento humano.

Assim, não se pode considerar bom um TCC que seja apenas a:

- Repetição do que já foi dito por outros, sem nenhum acréscimo pessoal em relação ao enfoque, ao desenvolvimento ou às considerações finais;
- Resposta a uma espécie de questionário e execução de um trabalho semelhante ao que se faz em uma prova, exame ou deveres escolares;
- Manifestação de meras opiniões pessoais;
- Exposição de ideias demasiadamente abstratas, alheias tanto aos pensamentos, às preocupações, aos conhecimentos ou aos desejos pessoais do autor, assim como de sua particular maturidade psicológica e intelectual;
- Manifestação de uma erudição livresca, citando frases irrelevantes, não pertinentes e mal assimiladas, ou desenvolvimento de perífrases sem conteúdo ou distanciadas da particular experiência de cada caso.

Enfim, um bom TCC deve ser o resultado da:

- Leitura, análise, interpretação, assimilação e transformação de conhecimentos adquiridos;
- Organização desses conhecimentos e observações;
- Busca das relações e regularidades que pode haver entre elas;

- Indagação sobre os porquês do pesquisador;
- Utilização, de forma inteligente, das leituras e experiências para comprovação;
- Comunicação dos resultados ao professor/orientador e, quando for o caso, aos demais membros da comunidade acadêmica e à sociedade.

Portanto, as afirmações científicas que compõem o TCC devem:

- Expressar uma descoberta verdadeira;
- Apresentar provas, o que na verdade distinguem o trabalho científico daquele que não é: a importância de uma investigação científica consiste na busca de provas conclusivas;
- Pretender ser objetivas e independentes do pesquisador que as apresenta, isto é, qualquer outro investigador pode encontrar o mesmo resultado, ou seja, verificar as afirmações ou, com seu trabalho, refutá-las ou modificá-las;
- Dispor de uma formulação geral. A ciência procura, classifica e relaciona fatos ou fenômenos com a intenção de encontrar os princípios gerais que os governam;
- Ser sistemáticas, portanto, ordenadas segundo princípios lógicos;
- Expor interpretações e relações entre os fatos e fenômenos, assim como suas regularidades (NOTA: os fatos ocorrem independentemente de nossa observação e interferência; os fenômenos, não).

3 Planejamento

Alguns autores distinguem dois tipos de planos nos trabalhos científicos: o *plano do assunto* e o *plano de trabalho*. O primeiro refere-se à distribuição equitativa das partes que constituem o assunto; o segundo, trata da ordenação das operações, em termos de ensino que, quanto mais detalhado for o planejamento das etapas de um trabalho, maior facilidade se terá para desenvolvê-lo.

De acordo com esse raciocínio, pode-se subdividir o plano de atividades e estabelecer três fases para o planejamento:

- Plano do assunto;
- Plano da coleta de dados;
- Plano da redação.

Tais fases devem ser cuidadosamente planejadas para que o desenvolvimento do trabalho ocorra de forma previsível e harmoniosa. Convém lembrar, entretanto, que a elaboração de um plano supõe sua exposição mentalmente estruturada mesmo antes da formalização das primeiras anotações.

A primeira preocupação na elaboração de um TCC consiste na esquematização do plano de assunto. Nessa etapa, é necessário:

- Escolher e delimitar o assunto;
- Prever o que se comunicará;
- Pensar a extensão e a profundidade do tratamento;
- Impor limites;
- Distinguir as ideias fundamentais das secundárias;
- Estabelecer ligações entre elas e o tema principal.

Na segunda etapa, elabora-se o plano da coleta de dados. Em um TCC fundamentado em pesquisa bibliográfica, essa etapa prevê o levantamento da bibliografia pertinente, plano de leitura, documentação e seleção do material coletado.

Após a elaboração do plano de assunto, realizada a coleta de dados e organizada a documentação, o material será analisado e selecionado para que seja elaborado o esquema provisório do plano de redação.

É imprescindível para um bom planejamento de pesquisa uma criteriosa reflexão sobre os problemas encontrados. As várias hipóteses de trabalho levantadas devem ser rigorosamente analisadas. Esse exame é que viabilizará o planejamento geral e, em seguida, a realização de um exame analítico particular que levará às considerações finais necessárias.

4 Estrutura

4.1 Elementos pré-textuais

Obrigatórios: capa, folha de rosto, sumário, resumo (com no mínimo 200 palavras) e palavras-chave (três a quatro);

Não obrigatórios: epígrafe, dedicatória, agradecimentos, prefácio, lista de figuras, lista de tabelas ou de gráficos, lista de siglas, lista de anexos e apêndices, glossário, lista de abreviaturas, errata, notas, observações etc.

4.2 Elementos textuais

Introdução, revisão da literatura, materiais e métodos, resultados, discussão e considerações finais.

4.3 Elementos pós-textuais

Obrigatórios: referências;
Não obrigatórios: anexos, apêndices, índice remissivo, glossário, notas etc.

4.4 Conteúdo dos elementos textuais

A *introdução* é a primeira parte, mas tanto ela como as *considerações finais* serão as últimas a serem redigidas, em virtude de suas características, estrutura e funções. Na *introdução*, serão anunciados e situados o assunto, a justificativa da escolha do tema, os objetivos pretendidos e os métodos escolhidos para alcançá-los. A linguagem deve ser clara, simples e objetiva, sem extrapolações e erudição desnecessárias. Não confundir *introdução* (em livros, é mais comum o uso do termo *prefácio*), que é sobre a obra, com *apresentação*, que é sobre o autor.

Partes da *introdução* apresentadas de forma discursiva:

1. Tema – definido em linhas gerais, a fim de conhecer o que será tratado no trabalho; estudo original sobre uma época, um autor, uma obra, um fato, um fenômeno, uma teoria etc.
2. Delimitação do assunto – indica os limites de tema, sua extensão e profundidade, enfim, tudo que diz respeito ao enfoque adotado e aos pressupostos teóricos que nortearão o tratamento do assunto.
3. Objetivos – indicam o que se pretende alcançar, quais os resultados previsíveis e que *considerações finais* são esperadas.
4. Justificativa(s) – indica(m) o porquê da escolha do tema, evidenciando sua importância e oportunidade. Deve-se usar, para isso, uma linguagem simples e racional, evitando chavões e lugares-comuns, como o "O tema é muito complexo, discutível e interessante", pois, se não o é, por que discuti-lo? É preciso explicar, interpretar o tema escolhido.
5. Revisão da literatura – a finalidade dessa parte é anunciar o estado da questão levantada com referência aos estudos publicados sobre o assunto, de preferência em ordem cronológica. Apresentam-se as obras principais, isto é, aquelas que constituem marcos do conhecimento específico da área, mais uma pequena análise, seguida de apreciação sucinta das obras referidas.
6. Indicação do assunto e suas partes – aqui é apresentada uma visão global do trabalho, o assunto em suas partes principais, mas sem conclusões. Portanto, o objetivo é proporcionar uma visão geral de tudo que será tratado no trabalho.
7. Metodologia – é a explicação de como o tema será tratado, ou

seja, os caminhos percorridos para chegar aos objetivos propostos e o plano adotado no desenvolvimento. A metodologia varia conforme o ramo da ciência que trata o assunto. Pode haver predomínio da experimentação, da pesquisa bibliográfica, da pesquisa de campo, da observação de fenômenos ou da discussão de hipóteses. O importante mesmo é a definição adequada do método a ser empregado.

Sobre as características da *introdução*, é oportuno lembrar:

> Tem como características principais a brevidade, a segurança e a modéstia, isto é, deve acenar para o histórico da questão, sem reconstituí-lo; deve referir-se às partes do corpo do trabalho a largos traços, sem maiores desenvolvimentos; deve, ainda, despertar confiança com relação à seriedade e à validade da pesquisa, sem prometer muito e sem adiantar conclusões. (Ruiz, 1991, p. 75)

O *desenvolvimento*, por ser a parte mais importante, é a mais extensa do TCC e, como abrange a exposição da ideia principal, é analisada em primeiro lugar, desdobrando e decompondo o todo em partes. Dessa primeira análise, vão surgindo detalhes que, por sua vez, serão examinados, entendidos, justificados e demonstrados para a compreensão das partes e, então, alcançar o entendimento do todo.

A discussão dos detalhes tornará oportuna a apresentação dos argumentos a favor ou contra, confrontando-os, mostrando a validade de uns e a fragilidade de outros, de maneira ordenada, com clareza e convicção. É preciso, porém, expor ideias sem tentar persuadir, dando ao leitor a oportunidade de decidir, com base nos conhecimentos apresentados de modo sistemático.

Dependendo do resultado da análise da ideia principal e de seus desdobramentos, o *desenvolvimento* poderá constar de duas ou mais partes, subdivididas em capítulos. Cada capítulo poderá apresentar subtítulos ou itens. Essas divisões não devem ser feitas de forma aleatória, pois decorrem da necessidade de organizar a exposição conforme a linha de raciocínio adotada. No *desenvolvimento*, as partes deverão articular-se logicamente em torno da ideia principal, evidenciando uma visão harmoniosa do todo.

Para a forma dissertativa, Severino (2002, p. 215) faz o seguinte alerta: "Seu objetivo é demonstrar, mediante argumentos, uma tese, que é a solução proposta para um problema, relativo a determinado tema". Esse demonstrar consiste em um processo de reflexão, mediante a apresentação de argumentos. Baseia-se na articulação de ideias ou fatos racionais que comprovem o que se quer explicar. O processo de demonstração obedece a uma linha lógica de raciocínios encadeados e pode ser realizado em três fases:

1ª) Explicação: consiste em apresentar o sentido de uma noção, analisando, esclarecendo o ambíguo e o obscuro, tornando evidente o que estava implícito.

2ª) Discussão: é o desenrolar do raciocínio, o exame e posições contrárias, que são confrontadas, comparadas, em um processo dialético (arte do diálogo ou da discussão ou desenvolvimento de processos gerados por oposições que provisoriamente se resolvem em unidades) que envolve a tese (primeira verdade) e a antítese (segunda verdade) para se chegar à síntese (consenso). Tanto pode prevalecer a tese como a antítese, a fusão das duas ou uma alternativa ditada pelo consenso. Portanto, na discussão, procura-se comparar ideias, refutar certas opiniões e confirmar outras, ressaltando aspectos relevantes do assunto.

3ª) Demonstração: é a fase complementar da análise, a dedução lógica do trabalho. Nesta fase, aplica-se, preferencialmente, o método dedutivo (aquele que procura conhecer a verdade partindo do geral para o particular). Demonstrar consiste em utilizar a argumentação adequada ao tipo de raciocínio. No caso de uma tese, apresenta-se uma sequência de argumentos concatenados, cada qual comprovando uma parte do discurso.

No início, a redação pode ser desenvolvida sem muita preocupação com a forma, uma vez que nessa fase o importante é o registro das ideias. O reexame do que se produziu, recomenda Nadólskis (2003), deve ser realizado após algum tempo, a fim de facilitar a crítica sobre o que foi escrito e como se escreveu. Muitas vezes, esse é o momento de reorganizar o trabalho, rever o plano inicial, antes de continuar. Deve-se escrever e reescrever várias vezes cada parte ou capítulo, tendo em vista a revisão do conteúdo, o aprimoramento da forma, para o desabrochar do estilo que predominará no texto. É aconselhável escrever em páginas soltas, numeradas e em um só lado do papel a fim de facilitar o manuseio, os recortes, a visão geral do capítulo ou do texto.

De acordo com Salomon:

> Chamamos a atenção do "aprendiz de trabalho científico" para dois defeitos não muito raros em trabalhos publicados. O primeiro é o do emprego da "lógica passional" formulada em argumentos de ordem sentimental e que visa à persuasão em lugar da "ordem racional" ou lógica propriamente dita. O segundo é o uso excessivo de palavras que chamamos de "verbalismo". Essa atitude ficaria bem entre advogados e promotores durante um júri, mas não no contexto de um trabalho científico. (1977, p. 275)

O autor, como se percebe, chama a atenção para duas falhas muito comuns encontradas em trabalhos acadêmicos: "a lógica passional" (o coração fala mais alto do que a razão) e o "verbalismo" (uso de palavreado abundante e, muitas vezes, sem sentido ou desnecessário).

As *considerações finais* são a parte de menor extensão, porque não admite nenhum argumento novo. Consiste na síntese interpretativa dos principais argumentos expostos no desenvolvimento ou nas considerações parciais que foram apresentadas. É a decorrência lógica do processo de argumentação e, de certa forma, complementa a *introdução*, na qual se anunciou o que seria tratado no trabalho. Nas *considerações finais*, portanto, recapitulam-se as partes principais, evidenciando-se as etapas mais relevantes do caminho percorrido até chegar ao final do TCC.

Se na *introdução* foram apresentadas hipóteses e variáveis, elas devem ser retomadas nas *considerações finais*, explicitando se houve a confirmação ou a rejeição das hipóteses e o papel das variáveis no desenvolvimento da pesquisa. Assim, as *considerações finais* devem ser breves, exatas, concisas e convincentes. Embora não seja apenas um resumo, não se pode confundir síntese interpretativa com formulação de críticas ou interpretação pessoal, que é subjetiva. A qualidade fundamental de todo trabalho científico é a objetividade. Portanto, é a dedução lógica e objetiva dos fatos ou ideias apresentados e analisados que levará às *considerações finais*.

As *considerações finais*, enquanto parte da exposição da pesquisa, se sujeitam às mesmas normas estabelecidas para a redação geral do trabalho. É a parte final de um trabalho científico, na qual devem figurar, claras e ordenadamente, as deduções obtidas a partir dos resultados. Dela não devem constar os dados quantitativos (grandezas expressas em números) e os resultados passíveis de discussão. As *considerações finais* devem apresentar as mesmas qualidades das outras partes, como objetividade, clareza e concisão. Assim, o emprego da impessoalidade ou da primeira pessoa do plural é sinal de modéstia ("nós", em vez de "eu") e, sendo aplicada nas outras partes da redação, deve ser mantida até o final.

A *parte referencial* compreende os apêndices, os anexos, as referências e, opcionalmente, a bibliografia. Nem todo trabalho necessita de apêndices e/ou anexos. Porém há situações em que eles são úteis, pois a apresentação de seus elementos no corpo do trabalho pode quebrar o ritmo da leitura ou desviar a atenção do leitor do conteúdo principal. Caso seja indispensável complementar o trabalho com um glossário ou uma lista de informações, modelos de questionários etc., eles deverão figurar nos apêndices. Da mesma forma, documentos que esclareçam passagens do texto, tais como transcrições de leis, estatutos etc., deverão ser inseridos nos anexos.

As *referências* são a última parte do trabalho, obrigatória, mesmo quando não são aproveitadas para citações (elementos retirados das obras pesquisadas durante a leitura da documentação) ou transcrições, uma vez que todo trabalho científico fundamenta-se, também, em pesquisa bibliográfica. A *bibliografia* (optativa) pode orientar o leitor a conhecer outras obras sobre o tema, que não foram utilizadas no trabalho.

> **Notas Importantes**
>
> - Na introdução e nas considerações finais não se colocam citações e/ou transcrições, porque a redação dessas partes é muito pessoal, isto é, própria do autor do trabalho.
> - Há diferença entre referências e bibliografia: as primeiras constituem o registro de todas as obras citadas e/ou transcritas no desenvolvimento; a segunda, o rol de obras relacionadas ao tema que o autor indica para a leitura adicional.

4.5 A formatação do TCC

A padronização do formato do TCC não objetiva apenas conferir uma bela apresentação, mas facilitar a leitura pelos avaliadores/leitores. Cada instituição de educação superior ou de pesquisa tem suas normas próprias para a formatação dos trabalhos, entretanto, as regras aqui descritas são da ABNT, portanto, obrigatórias para todos.

O texto do TCC, escrito com a cor preta e em papel branco, deve ter as margens obedecendo as seguintes medidas, em relação às respectivas bordas do papel: de cima e da esquerda, 3 cm; da direita e de baixo, 2 cm (Apêndice I).

Resumindo, o TCC compõe-se de três partes:

- Elementos pré-textuais;
- Elementos textuais;
- Elementos pós-textuais.

Tais partes são subdivididas em diversas seções:

1ª) Elementos pré-textuais: são contados sequencialmente, mas as folhas não devem ser numeradas. Compõem-se de:

  1. Capa – elemento obrigatório que contém as seguintes informações: a) nome do(s) autor(es) do trabalho; b) título (e subtítulo, se houver); c) número de volumes, caso haja

mais de um; d) nome da instituição (faculdade, faculdades integradas, centro universitário, universidade); local (município); e ano (Apêndice II).
2. Folha de rosto – elemento obrigatório que apresenta as mesmas inscrições da capa e a natureza e finalidade do trabalho, área de concentração e nome do orientador (Apêndice III).
3. Ficha catalográfica – deve constar no verso da folha de rosto e ser anexada após a correção final do trabalho. O objetivo é facilitar a procura pelos interessados nas bibliotecas da instituição. Por isso, deve ser elaborada com o auxílio de uma bibliotecária porque deverá seguir as normas internacionais para catalogação do acervo. As *palavras-chave*, obrigatórias na ficha catalográfica, devem ser cuidadosamente escolhidas de modo a explicar o conteúdo do trabalho. Devem ser as mesmas utilizadas abaixo do *resumo*.
4. Epígrafe/dedicatória – embora não obrigatória, pode-se escrever um conjunto de palavras para homenagear alguém ou dedicar a uma ou mais pessoas, entidades etc. Da mesma forma, é facultativo escrever um dístico ou pensamento em epígrafe, também conhecido por *frase lapidar* (Apêndice IV).
5. Agradecimentos – parte opcional de um trabalho em que se menciona(m) a(s) pessoa(s) e/ou instituição(ões) que concorreu(ram), de algum modo, para o bom êxito do trabalho; por isso, é de praxe e de bom-tom manifestar agradecimentos ao menos para o professor orientador ou para alguém que contribuiu de forma decisiva para o bom êxito do TCC (Apêndice V).
6. Sumário – elemento obrigatório que enumera os *capítulos*, as *seções* ou as *partes*, de acordo com a ordem em que aparecem no trabalho, ligando com linha pontilhada o respectivo *título* ou *subtítulo* ao número da página inicial em que se encontra no texto. É indispensável que todos os *títulos* e

subtítulos sejam indicados no sumário. A numeração das partes deve coincidir, rigorosamente, com as que constam do corpo do trabalho. Já não se usa com frequência a tradicional numeração alfanumérica (letras e números), mas numerais romanos para as partes e numeração arábica progressiva para as divisões e subdivisões. Deve ser apresentado em página distinta e relacionar os elementos que aparecem depois dele. Apenas os elementos que foram numerados no corpo do trabalho devem ser indicados com o respectivo número. De acordo com a NBR 6027 (ABNT, 2003), nas entradas primárias devem ser usados CAIXA ALTA e **negrito**; nas secundárias, CAIXA ALTA apenas na primeira letra de cada palavra; nas terciárias e seguintes, CAIXA ALTA somente na primeira letra da primeira palavra, exceto se constarem nomes próprios, de lugares ou ciências. Se o trabalho constar de mais de um volume, em cada um deles deve ser apresentado o *sumário* completo do trabalho, indicando os capítulos, as seções ou as partes de cada volume (Apêndice VII).

7. Listas – apesar de opcionais, facilitam a localização de alguns itens durante a leitura do trabalho. São elaboradas em páginas próprias e colocadas após o *sumário*. As *listas* podem relacionar ilustrações (tabelas, quadros, figuras – como gráfico, mapa, planta, fotografia – entre outras), acompanhadas do respectivo número de página, ou abreviaturas, siglas e símbolos, conforme a sequência encontrada no texto.

O título da *lista* de ilustrações deve estar centralizado, em letras MAIÚSCULAS (ou caixas-altas) e em **negrito**, seguido por uma linha em branco para separá-lo da lista propriamente dita. Cada um dos títulos deve ser precedido da indicação do tipo (se é gráfico, figura etc.) e do número da ilustração, ligado por uma linha pontilhada com o número da página que contém cada ilustração.

As *listas de ilustrações* podem ser:

- Únicas – quando englobam todos os tipos de ilustrações constantes no texto. São indicadas quando há menos de três itens de cada tipo de ilustração. Deve-se identificar o tipo de ilustração antes do número;
- Múltiplas – quando há uma lista para cada tipo de ilustração, caso em que devem ser intituladas especificamente, por exemplo: *lista de figuras*.

As abreviaturas e siglas são organizadas em ordem alfabética. No caso dos símbolos, se não for possível ordená-los alfabeticamente, deve-se dispô-los de acordo com a sequência em que aparecem no texto. O significado de cada item deve ser escrito por extenso, em letras maiúsculas/minúsculas. As siglas estrangeiras devem ser acompanhadas de seu significado no original. Se as listas não forem extensas, podem ser colocadas na mesma página, separadas por tipo.

8. Resumo – qualquer TCC deve vir acompanhado de um *resumo* em língua portuguesa e, se a instituição exigir, em uma língua estrangeira moderna (*abstract* – inglês; *resumé* – francês; *resumen* – espanhol). O *resumo* é a apresentação concisa do texto, destacando seus aspectos de maior relevância. Deve ser escrito em um único parágrafo de, aproximadamente, 200 palavras, no caso de TCC. Logo abaixo do *resumo*, vem o item *palavras-chave* (*keywords* – inglês; *mots-clé* – francês; *palabras-clave* – espanhol), um número razoável de palavras (entre 4 e 5) que orientam o leitor quanto ao enfoque do texto. Tais palavras devem ser as mesmas a constar da *ficha catalográfica*.

O *resumo* deve preceder o texto, ser redigido com entrelinha menor, em um único parágrafo, com frases completas (e não com sequência de títulos), preferencialmente na terceira pessoa do singular e em folha distinta. Na primeira frase do *resumo*, é essencial explicitar o assunto abordado, situando-o no tempo e no espaço, caso o título não seja suficientemente claro. Devem-se ressaltar os objetivos e os métodos a serem utilizados no trabalho. Não se devem citar referências e/ou opiniões alheias (Apêndice VI).

Spector (2001, p. 23) nos dá algumas recomendações gerais para a redação do *resumo*:

- *Não inclua referências;*
- *Evite abreviaturas;*
- *Descreva os métodos empregados, mas sem entrar em detalhes;*
- *Não anuncie que algo "será descrito", "será analisado" ou "será discutido"; o resumo deve ser objetivo e factual;*
- *Descreva os resultados principais do estudo: informe os valores encontrados, acompanhados dos resultados dos testes estatísticos (de preferência, informe também os intervalos de confiança);*
- *Inclua termos relevantes no resumo, sobretudo aqueles que não constam do título e das palavras-chave, já que o resumo pode ser "lido" pelos sistemas de indexação;*
- *Enfatize igualmente resultados positivos e negativos; do ponto de vista científico, ambos têm o mesmo valor;*
- *Não inclua no resumo nada que não conste do texto.*

2ª) Elementos textuais: é o texto propriamente dito, composto pelas seguintes partes obrigatórias: *introdução, desenvolvimento* e *considerações finais*. Alguns autores organizam o texto científico de acordo com a área relacionada: a) *Ciências Humanas e Sociais* – introdução, desenvolvimento e considerações finais; b) *Ciências Naturais, Exatas e Tecnológicas* – introdução, revisão de literatura, materiais e métodos, resultados, discussão e considerações finais (Gonçalves, 2004).

Essas partes aparecem com as especificações feitas nas orientações anteriores e ainda as seguintes:

- Os títulos dos capítulos devem iniciar em nova página, serem grafados com letras maiúsculas, 5 cm abaixo da borda superior do papel, com espaço duplo entre eles e o texto;
- Os subtítulos terão apenas as letras iniciais em maiúsculas, com espaço antes e depois.

3ª) Elementos pós-textuais: são contados e numerados em algarismos arábicos. Compreendem os *apêndices*, os *anexos*, o *glossário*, as *referências* e a *bibliografia*.

1. Apêndices – são documentos redigidos ou algum tipo de ilustração feito pelo autor como glossário, questionário, lista de informantes ou de pontos de pesquisa, figura, mapa, ilustração, banco de dados para estudos, índice remissivo e materiais não convencionais como fitas, *slides*, disquetes, CD-ROM(s). Às vezes, esses documentos podem constar do corpo principal do trabalho.

Os *apêndices* são utilizados quando a quantidade de informações, ao longo do texto, principalmente nas seções de Material e Métodos ou Resultados, dificulta e torna cansativa a leitura e para que autor possa complementar sua argumentação. São identificados por letras maiúsculas, travessão e pelos respectivos títulos, cada um iniciando em página própria. Quando se esgotarem as letras do alfabeto, deverão ser utilizadas letras maiúsculas duplicadas.

Se houver mais de três *apêndices* (bem como *anexos*), é aconselhável inserir uma lista antes. A paginação é contínua à do texto. Os *apêndices* devem ser colocados depois das *referências* e devem constar no *sumário*.

2. Anexos – são documentos de terceiros, isto é, não elaborados pelo autor, que complementam o trabalho, justificando ou ilustrando um raciocínio. Servem para fundamentar, comprovar, documentar, esclarecer, provar ou confirmar os conceitos apresentados no texto e, ao mesmo tempo, são relevantes para que se possa compreendê-los. Recorte de revista, de jornal, estatuto, lei, decreto, cartaz e folheto, modelo de formulário, fotografia, planta e radiografia, entre outros, são comumente apresentados como *anexos*. Este item também só deve ser incluído se houver necessidade de juntar ao projeto algum documento que venha esclarecer o texto. A inclusão, ou não, fica a critério do autor da pesquisa. Os *anexos* devem ser colocados após os *apêndices* e devem constar no *sumário*.

> Observação: Nem todo trabalho necessita de apêndices e anexos. Porém há situações em que eles são úteis, pois a apresentação de seus elementos no corpo do trabalho pode quebrar o ritmo da leitura ou desviar a atenção do leitor do conteúdo principal. Caso seja indispensável complementar o trabalho com um glossário ou uma lista de informações, modelos de questionários etc., eles devem figurar nos apêndices. Da mesma forma, documentos que esclareçam passagens do texto, tais como transcrições de lei, estatuto etc., deverão ser inseridos nos anexos.

3. Glossário – é uma lista de palavras, expressões ou termos técnicos possivelmente pouco conhecidos pelo leitor ou de uso restrito, acompanhados de uma definição. No rodapé, devem ser identificadas as fontes consultadas durante a transcrição das definições. Não é item obrigatório, ou seja, sua inclusão deve ficar a critério do autor da pesquisa, se houver necessidade de explicar termos que possam interferir negativamente na interpretação do leitor. Deve ser incluído depois do texto e antes das *referências*.

4. Índice remissivo – não é um item obrigatório; deve entrar após as *referências*, estar incluído no *sumário* e ser organizado por assunto.

5. Referências – compreendem a relação das obras consultadas, citadas e/ou transcritas no *desenvolvimento*. Nela, normalmente, constam os documentos consultados e qualquer outra fonte de informação utilizada na fase de levantamento de literatura. As *referências* dos documentos consultados para a elaboração do trabalho são obrigatórias, mesmo quando não são aproveitadas para citações ou transcrições, uma vez que todo o trabalho científico fundamenta-se, também, em pesquisa bibliográfica. As *referências* podem ser organizadas por assunto, tipo de obra (manuais, dicionários, glossários, gramáticas, obras de leitura corrente etc.) ou pela ordem alfabética do sobrenome dos autores. Em qualquer caso, é indispensável obedecer às normas da ABNT, que definem *referências* como "[...] conjunto padronizado de elementos descritivos, retirado de um documento, que permite sua identificação individual. [...]" (NRB 6023/2002).

6. Bibliografia – é um item optativo que orienta o leitor a conhecer outras obras sobre o tema, indicadas pelo autor do TCC, para leitura adicional, mas não utilizadas no trabalho.

7. Contracapa – deve ser do mesmo material da capa. É sempre aconselhável colocar o título do trabalho na lombada do volume.

4.6 Normas para a apresentação escrita

- Papel e escrita: o papel utilizado para trabalhos acadêmicos é o branco, de boa qualidade, tamanho A4 (210 mm × 297 mm), ou formulário padrão utilizado em informática. *Atenção*: somente o anverso da folha deve ser utilizado e um só tipo de letra (Times New Roman ou Arial, tamanho da fonte 12).

- Numeração e paginação: todas as páginas, desde a folha de rosto, devem ser contadas. Entretanto, a folha de rosto e as demais até o *sumário*, embora se incluam na contagem geral, não são numeradas. A mesma recomendação serve para a folha inicial de cada capítulo. De preferência, o número deve ficar centrado no alto da folha, a 2 cm da borda superior da página e a 2 cm de distância da primeira linha do texto. Usa-se também o número no alto no centro ou à direita da página. Não é aconselhável (mas, não proibido) colocá-lo na margem inferior, principalmente em trabalhos nos quais são colocadas *notas de rodapé*.
- Margens e espaços: as margens das páginas devem ter as seguintes medidas:
  a) Margens superior e esquerda – 3 cm da borda do papel;
  b) Margens direita e inferior – 2 cm da borda do papel.

Nas páginas iniciais dos capítulos, o título deve ficar a 5 cm da borda superior. Entre o título e o texto deve haver dois espaços verticais. Os subtítulos devem ser separados do texto, abaixo e acima, por um espaço vertical. Todo o trabalho deve ser escrito em espaço duplo, com exceção das citações, das notas de rodapé e das referências, que devem ser escritas em espaço simples.

5 Casos Especiais

5.1 Citações

Em trabalho científico, especialmente o TCC, usamos opiniões de especialistas no tema que estamos desenvolvendo retiradas de obras consultadas. Portanto:

> [...] são elementos retirados dos documentos pesquisados durante a leitura da documentação e que se revelam úteis para corroborar as ideias desenvolvidas pelo autor no decorrer do seu raciocínio. (Severino, 2002, p. 106)

As recomendações que seguem são muito importantes:

- É antiético e ilegal transcrever literalmente uma passagem de um autor sem fazer a devida referência;
- Quando literais, as citações devem ser colocadas entre aspas, no mesmo parágrafo, se não ultrapassarem três linhas; se ultrapassarem, não se deve colocar as aspas, usar um parágrafo especial, com entrelinha maior antes e depois da citação, recuo da margem esquerda, entrelinha simples no texto e letra com corpo menor ou itálico. Nunca se esquecer de indicar o sobrenome do autor, em caixa alta se dentro dos parênteses e em baixa se fora, data da edição e a página da obra da qual foi extraída a citação.
- Quando uma passagem for destacada pelo autor, deve-se usar as expressões, entre parênteses: *grifo do pesquisador, grifo meu* ou *grifo nosso*.

5.2 Notas de rodapé

As *notas de rodapé* têm por finalidade:

- Indicar a fonte da qual foi extraída uma citação como forma de comprovação ou a fim de fornecer indicações para a retomada do assunto;
- Inserir no trabalho considerações complementares para ajudar o leitor;
- Fornecer a versão original de alguma citação traduzida no texto, se necessário ou importante;
- Fazer alguma observação ou nota esclarecedora sobre alguma consideração do texto.

> Nota: As notas, as observações ou outros comentários podem ser dispensados do rodapé se forem feitos no corpo do próprio texto, o que é recomendável, na maioria dos casos.

5.3 Ilustrações

1) Tabelas: devem ser apresentadas com entrelinha menor que o restante do texto e, de preferência, alinhadas nas margens laterais. O título, antecedido por números arábicos sucessivos, deve estar na parte superior da tabela, em letras maiúsculas e sem ponto final. O cabeçalho, que identifica o conteúdo das colunas, e o limite inferior da tabela devem ser separados por uma linha. A fonte da qual foram extraídos os dados deve ser colocada no rodapé da tabela.

Se houver necessidade de outras explicações gerais, elas devem ser colocadas sob a forma de *nota*, logo abaixo da fonte. Os esclarecimentos específicos da tabela também devem ser dispostos dessa forma, caso em que se acrescenta um número sobrescrito aos dados referentes a tais esclarecimentos.

> Importante
> Se a tabela exceder uma página:
> ♦ Não deve ser fechada, a não ser quando finalizada na(s) página(s) seguinte(s);
> ♦ O título e o cabeçalho devem ser repetidos em todas as páginas em que ela estiver;
> ♦ Deve-se colocar os termos *continua* na última linha da primeira página e *continuação* no início da(s) outra(s) página(s).

2) Quadros: as instruções são as mesmas indicadas para a elaboração das *tabelas*, com exceção de que se acrescentam linhas laterais para delimitar a ilustração.
3) Figuras: o título deve ser colocado sob a ilustração. Para a inclusão da fonte e da(s) nota(s), deve-se seguir as mesmas recomendações sugeridas para as *tabelas* e *quadros*.
4) Mapas e Gráficos: podem também ser apresentados como *figuras*. O título deve ser colocado em seguida. Devem ser

elaborados de maneira reduzida sem prejudicar o entendimento. As regras para a citação da fonte e da(s) nota(s) são as mesmas citadas anteriormente para as outras ilustrações.

5.4 Abreviatura dos meses

Usam-se apenas as três letras iniciais e ponto, com exceção do mês de maio que deve ser grafado por inteiro. Exemplos: jan., fev., maio, out.

5.5 Indicação de horas

Em horas redondas (exatas) não se abrevia a palavra *horas* (7 horas); nas horas quebradas, deve-se usar *h*, *min* e *s*, sem brancos ou espaços separatórios. A abreviatura *min* só é necessária quando houver especificação dos segundos (20h34min7s ou 18h08).

5.6 Utilização dos números

1) Cardinais
- Por extenso, na indicação de um a dez: "Os cinco experimentos foram repetidos";
- Por extenso no início de frases: "Cento e vinte dias de chuva não foram suficientes";
- Na forma mista, para indicação de mil, milhão, bilhão, redondos ou aproximados: "Cerca de 2,5 (dois e meio) milhões de pessoas visitaram a feira";
- Para evitar fraudes, interpretações dúbias, erros de digitação: "O réu deverá se apresentar dentro de 48 (quarenta e oito) horas".

2) Ordinais
- Por extenso: do primeiro ao décimo: "Desde o sexto dia o paciente já havia apresentado melhora";
- Em algarismos arábicos, seguidos do símbolo que indica a ordem, sem espaçamento, a partir do 10º: "A última reunião foi a 22ª do ano".

3) Numerais romanos

- Séculos: "Espera-se que o século XXI seja de descobertas tecnológicas";
- Títulos nobiliárquicos (realeza, nobreza) e eclesiásticos (religiosos): "O Papa João Paulo II encontra-se bastante fragilizado";
- Divisões das Forças Armadas: "O III Batalhão de Infantaria desfilou harmonicamente";
- Sequência de reuniões e escritos que se repetem periodicamente: "A VI Bienal de Artes será realizada no mês de setembro".

> Importante
> - Em eventos não periódicos, escreve-se por extenso: "A Segunda Guerra Mundial deixou marcas profundas";
> - Em porcentagens, escreve-se em algarismos arábicos seguidos do símbolo % sem espaçamento: "Cerca de 70% da população sofre com a poluição atmosférica";
> - Em quantias monetárias, são usados sempre algarismos arábicos: "O custo de um litro de gasolina ultrapassou 2 reais";
> - Em quantias abaixo de mil, em números redondos, deve-se evitar o uso do símbolo da unidade monetária e do cifrão: "Cerca de 30 dólares seriam suficientes para a compra";
> - Em números quebrados, pode-se usar duas formas: "O conserto do equipamento ficou em 610,35 reais (ou R$ 610,35)";
> - Em quantias acima de mil, pode-se usar duas formas: "O salário do professor-pesquisador é de 7 mil reais (ou R$ 7 mil)";
> - Em números quebrados, deve-se adotar a forma mista: "O investimento em material foi de R$ 1,367 milhões" (sempre que possível a quantia deve ser simplificada: "R$ 12,5 mil" e não R$ 12.500,00).

6 Normalização das Referências

6.1 Nome do autor

1) Norma geral – sobrenome do autor (CAIXA ALTA), nome do autor e demais sobrenomes (caixa baixa). Não se recomenda abreviá-los: PEREIRA, João da Silva.

2) Designativos – Filho, Júnior, Neto, Sobrinho ou equivalentes estrangeiros devem vir depois do sobrenome: ALMEIDA JR., Antônio de; COELHO NETO, Henrique.

3) Partículas – as partículas *de, do, das, del, de las, Von, zur, van der, della, degli, d', di* e outras são sempre colocadas depois do prenome: OLIVEIRA, José Osório de; HOEVE, J. van der; LINDEN, W. Zur. Se essas partículas forem atributivas, o sobrenome vem precedido por elas: MAC DONALD, William; O'NEILL, Alexandre.

4) Nomes franceses – deve começar pelo prefixo, se for um artigo, ou pela contração de preposição com artigo: LA PIERRE, Gerard de; DU MOULIN, Pierre; DES ARTS, François.

5) Nomes espanhóis – deve começar pela primeira parte do sobrenome: MENÉNDEZ PIDAL, Ramón; DIAZ-PLAJA, Guillermo.

6) Sobrenomes compostos – começa pelo sobrenome composto: CASTELO BRANCO, Camilo; SÁ-CARNEIRO, Mário de. Se for sobrenome composto consagrado, começa-se por ele: EÇA DE QUEIRÓS, José Maria; MONTEIRO LOBATO, José Bento.

7) Autorias coletivas – dois autores: SARAIVA, Antônio José e LOPES, Oscar; três ou mais autores: PLACER, Xavier et al. (ou "e outros").

8) Publicação de instituições, academias, associações – Começa pelo nome da instituição em caixa alta. UNIVERSIDADE DE SÃO PAULO; BIBLIOTECA MUNICIPAL MÁRIO DE ANDRADE DE SÃO PAULO; ACADEMIA BRASILEIRA DE LETRAS; INSTITUTO DE PESQUISA FUNDAÇÃO OSVALDO CRUZ.

> Nota: se a entidade estiver ligada a órgão público, deve constar, nesta ordem: país, órgão, repartição: BRASIL, Ministério da Educação; SÃO PAULO, Secretaria da Educação.

6.2 Título

1) Norma geral – deve ser transcrito fielmente, como está na publicação, com destaque (**negrito** ou *itálico*). Quanto ao subtítulo, só será transcrito se for importante para o entendimento do livro, separado por dois-pontos, sem destaque gráfico: SANTOS, Clóvis Roberto dos. *Direito à educação*: a LDB de "A" a "Z". São Paulo: Avercamp, 2008.
2) Obras sem identificação dos autores – RELATÓRIO do Grupo de Trabalho...
3) Periódicos – PRESENÇA FILOSÓFICA. Rio de Janeiro, v. 2, n. 3, jan./jun. 2007.
4) Artigos de revista – FERRAZ JR., Tércio Sampaio. Curva de demanda, tautologia e lógica da ciência. *Ciências Econômicas e Sociais,* Osasco, v. 6, n. 1, p. 97-105, jan. 1971.
5) Artigos de jornal – a) assinado: PINTO, J. N. Programa explora tema raro na TV. *O Estado de S. Paulo,* 8.2.1975, p. 7, c. 2.; b) não assinado: ECONOMISTA recomenda investimento no ensino. *O Estado de S. Paulo,* 24.5.1977, p. 21, 4-5 col.
6) Artigos em suplemento, caderno especial – após a data, acrescentar o título do suplemento, número, página e coluna.

6.3 Edição do documento

Só é indicada da segunda edição em diante, após o *título*. Quando for o caso, acrescentar os termos *revisada e ampliada*, devidamente abreviados, por exemplo: *3. ed. rev. e amp.*

6.4 Local da publicação

1) Norma geral – é indicado como aparece no documento: São Paulo, New York, Campinas.

2) Nomes homônimos – em nomes de cidades homônimas, acrescenta-se o país: San Juan, Chile; San Juan, Puerto Rico.
3) Duas ou mais localidades – em geral, cita-se apenas a primeira. Citam-se todas quando cada editora situa-se em uma cidade diferente: Porto Alegre-São Paulo: Globo-Edusp.
4) Ausência do nome do local – se a cidade não estiver registrada no documento, usa-se *s.l.* (sem local); se não constar, mas foi possível identificá-la, coloca-se entre *colchetes* [Palma].

6.5 Editora

1) Norma geral – como se apresenta no documento: Ed. da Universidade de São Paulo; Cengage Learning; Avercamp; Cortez; Edusp.
2) Mais de uma editora – indica-se só a primeira ou ambas; se não for indicada a editora no documento, usa-se *s.e.* (sem editora).
3) Editora/autora – quando a editora for a mesma entidade responsável pela autoria, não é preciso indicá-la.

6.6 Data

1) Apenas o ano – 1986 (não 1.986 ou MCMLXXXVI).
2) Data não identificada – *s.d.* (sem data); se foi identificada indiretamente, entre *colchetes* [1986].
3) Citações de publicações periódicas – nomes dos meses abreviados com três letras, exceto maio: fev., abr., maio, out.

6.7 Número de páginas

É a última informação da referência bibliográfica e aparece depois do ano da edição: 143 p.

Se o número referir-se a uma página ou a um intervalo de páginas do texto: p. 21; p. 25-36.

6.8 Casos especiais de referências

1) Enciclopédias, publicações de congressos – ENCICLOPÉDIA DELTA--LAROUSSE; ANAIS DO CONGRESSO DE ...

2) Monografias não publicadas – a mesma orientação para livros, mais sua natureza e instituição: SANTOS, Clóvis Roberto dos. *A gestão educacional para uma escola em mudança*. 2000, 270 p. Tese (Doutorado em Educação, PUC) São Paulo.

3) Escritos datilografados, digitados, mimeografados – SANTOS, Clóvis Roberto dos. *A comunicação organizacional na Secretaria de Estado da Educação de São Paulo*. 1992, 300 p. (mimeo.).

4) Fontes eletrônicas

- *Internet* – RIBEIRO, Cláudio. *A avaliação como processo de aprendizagem*. Acesso em 23/12/2004.
- *CD-ROM* – Anais/Resumos do 35º Congresso... Salvador, Anpae, 2002, CD-ROM.
- *Disquete* – Anped; 20ª Reunião. GT-7. Filosofia da Educação. Caxambu-MG, 1997. Disquete 1, 3 pol.
- *Vídeo* – *O enigma de Kaspar Hauser*. Dir. Werner Herzog. Cinematográfica FJ. São Paulo, 1992.
- *Fita cassete* – *Maria Bethânia e Caetano Veloso ao vivo*. N. 7128265, Philips, s.d.

Importante

Para dirimir dúvidas constantes sobre a elaboração das referências, segue o trecho de Severino:

De acordo com as normas da ABNT, o título da publicação pode receber um destaque mediante o uso de um recurso tipográfico diferenciado (negrito, itálico ou grifo), ficando a critério do autor a escolha deste. Mas, uma vez definido o destaque, ele deve ser mantido uniforme em todas as referências. Também não há necessidade de recuo nas linhas da referência posteriores à primeira, mantendo-se o mesmo alinhamento da primeira linha. (2002, p. 115)

Assim, desde a norma NBR 6023:2000, não é mais necessário que a segunda linha da referência inicie abaixo da terceira letra da primeira linha. As referências desta publicação seguem a NBR 6023: agosto/2002.

Referências

BAGNO, Marcos. *Pesquisa na escola*: o que é e como se faz. 4. ed. São Paulo: Loyola, 2000.

BARBIE, R. Jean-Marie. *Elaboração de projetos de ação e planificação*. Porto: Porto Editora, 1993.

DICIONÁRIO HOUAISS DA LÍNGUA PORTUGUESA. Antônio Houaiss e outros. Rio de Janeiro: Objetiva, 2001.

ENCICLOPÉDIA EINAUDI. Volume 25, Verbete *Projeto*. Imprensa Nacional. Casa da Moeda. Rio de Janeiro, s.d.

GIL, Antônio Carlos. *Como elaborar um projeto de pesquisa*. São Paulo: Atlas, 1996. 159 p.

GONÇALVES, Hortência de Abreu. *Manual de monografia, dissertação e tese*. São Paulo: Avercamp, 2004. 124 p.

ISKANDAR, Jamil Ibrahim. *Normas ABNT comentadas para trabalhos científicos*. Curitiba: Champagnat, 2000.

MACHADO, Nilson José. *Ensaios transversais*: cidadania e educação. São Paulo: Escrituras, 1997.

NADÓLSKIS, Hêndricas. *Comunicação redacional atualizada*. 9. ed. São Paulo: Saraiva, 2003.

NOVO DICIONÁRIO DA LÍNGUA PORTUGUESA. Aurélio Buarque de Holanda Ferreira. Rio de Janeiro: Nova Fronteira, 1979.

RUDIO, Franz Victor. *Introdução ao projeto de pesquisa científica*. 31. ed. Petrópolis: 2003. 144 p.

RUIZ, João Álvaro. *Metodologia científica*: guia para eficiência nos estudos. 3. ed. São Paulo: Atlas, 1991. 168 p.

SALOMON, Décio Vieira. *Como fazer uma monografia*: elementos de metodologia do trabalho científico. 6. ed. Belo Horizonte: Interlivros, 1977. 304 p.

SANTOS, Clóvis Roberto dos e NORONHA, Rogéria Toler da Silva de. *Monografias Científicas*: TCC – Dissertação – Tese. São Paulo: Avercamp, 2005. 140 p.

SEVERINO, Antônio Joaquim. *Metodologia do trabalho científico*. 22. ed. rev. amp. São Paulo: Cortez, 2002. 333 p.

SPECTOR, Nelson. *Manual para a redação de teses, projetos de pesquisa e artigos*. 2. ed. Rio de Janeiro: Guanabara-Koogan, 2001. 150 p.

TRIVIÑOS, Augusto N. S. *Introdução à pesquisa em ciências sociais*: a pesquisa qualitativa em educação. São Paulo: Atlas, 1987. 175 p.

Apêndices

Apêndice I – Papel e margens

Papel A 4 – 210 x 297 mm

Margem superior – 3 cm

Margem direita – 2 cm

Margem esquerda – 3 cm

Margem inferior – 2 cm

Apêndice II – Capa

ROGÉRIO BATISTA PEREIRA

A EDUCAÇÃO ESCOLAR:
de Comênio a Rousseau

UNIVERSIDADE "KWY"
SÃO PAULO
2010

Apêndice III – Folha de rosto

ROGÉRIO BATISTA PEREIRA

A EDUCAÇÃO ESCOLAR:
de Comênio a Rousseau

Trabalho de Conclusão do Curso
_____,
apresentado como exigência parcial para
a obtenção do (diploma ou certificado) de
_____

ORIENTADOR: Prof. Dr. João Eustáquio de Oliveira

UNIVERSIDADE "KWY"
SÃO PAULO
2010

Apêndice IV – Epígrafe/Dedicatória

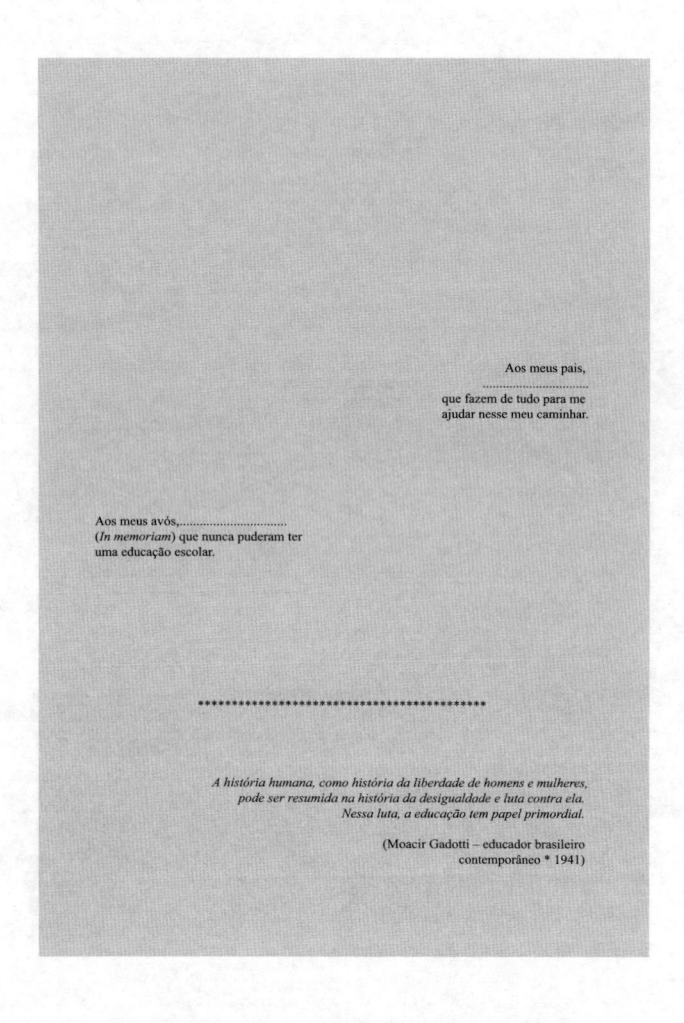

Aos meus pais,
....
que fazem de tudo para me
ajudar nesse meu caminhar.

Aos meus avós,..............................
(*In memoriam*) que nunca puderam ter
uma educação escolar.

••

A história humana, como história da liberdade de homens e mulheres,
pode ser resumida na história da desigualdade e luta contra ela.
Nessa luta, a educação tem papel primordial.

(Moacir Gadotti – educador brasileiro
contemporâneo * 1941)

Apêndice V – Agradecimentos

Ao prof. Dr. João Eustáquio de Oliveira, pela sabedoria e competência
na orientação deste Trabalho de Conclusão de Curso.

Às professoras mestres, Elida Maria Soares e Tânia de Assunção Rodrigues,
pelas aulas ministradas durante o curso.

A todos os colegas do curso, pela amizade e cooperação.

Ao meu irmão, José Roberto Rodrigues, pela ajuda na revisão
e digitação de todo o trabalho.

Apêndice VI – Resumo

RESUMO

Foi um século da história da educação que precisa ser devidamente resgatado para se ter ideia do valor de uma didática adequada para uma boa aprendizagem. Também é importante salientar que a educação escolar se inicia na sociedade organizada e que a Pedagogia, como ciência da educação, surge na busca de algumas respostas na tentativa de explicar o fenômeno educativo que decorre naturalmente das mudanças nas relações socioculturais. O mundo mudou muito desde os dois filósofos objetos deste estudo, no entanto, suas lições embasam muitas reflexões para a prática educativa dos dias atuais. Comênio, humanista tcheco, em sua *Didática Magna*, chamava a atenção sobre o valor de se planejar as aulas e adequá-las à capacidade do aluno; suas concepções humanistas e pedagógicas fizeram dele um precursor da educação moderna. Já Rousseau, filósofo e romancista suíço, partiu do princípio de que o homem, naturalmente bom, é corrompido pela sociedade, onde o cultivo das ciências e das artes conduz à ociosidade, promovendo a decadência moral e deteriorando os costumes. Percebemos que, apesar das propostas de ambos, o século que os separou pouco ou nada foi a acrescentado. Mesmo nos dias atuais percebemos que suas lições não foram levadas em consideração havendo, muito pelo contrário, uma degradação da qualidade da educação escolar.

Palavras-chave: humanismo, educação escolar, didática, formação integral.

Apêndice VII – Sumário

SUMÁRIO

Introdução 6

Capítulo I
Resgate Histórico da Educação Escolar antes e depois dos Séculos XVI e XVIII 8
1 – A educação primitiva 12
2 – A educação na antiguidade clássica greco-romana 24

Capítulo II
Comenius – Jan Ámos Komensky 28
1 – O humanista 34
2 – O pedagogo 40

Capítulo III
Jean Jacques Rousseau 50
1 – O filósofo 58
2 – O educador 67

Considerações Finais 70

Anexos 80

Apêndices 99

Referências 108

Apêndice VIII – Siglas

ABNT – Associação Brasileira de Normas Técnicas

CAPES – Coordenação de Aperfeiçoamento de Pessoal de Nível Superior

CNPq – Conselho Nacional de Desenvolvimento Científico e Tecnológico

CONAES – Comissão Nacional de Avaliação da Educação Superior

ENADE – Exame Nacional de Desempenho dos Estudantes

ENEM – Exame Nacional do Ensino Médio

IBGE – Instituto Brasileiro de Geografia e Estatística

INEP – Instituto Nacional de Estudos e Pesquisas Educacionais Anísio Teixeira

LDB – Lei de Diretrizes e Bases da Educação Nacional

MEC – Ministério da Educação

PDI – Plano de Desenvolvimento Institucional

SBPC – Sociedade Brasileira para o Desenvolvimento das Ciências

SINAES – Sistema Nacional de Avaliação da Educação Superior

TCC – Trabalho de Conclusão de Curso (graduação ou pós-graduação *lato sensu*)

USCS – Universidade de São Caetano do Sul

USP – Universidade de São Paulo

Apêndice IX – Leitura

Monografia: orientador, orientando e outros bichos

Num belo dia de sol..., de uma enorme toca sai o Coelho com seu *notebook* e, embaixo de uma frondosa árvore, se pôs a trabalhar, com muito afinco e determinação, para terminar sua *monografia científica* (TCC).

Tão distraído estava que não percebeu a aproximação sorrateira da Raposa, muito esperta, mas que não tinha concluído sequer o Ensino Fundamental. Ao ver aquele coelhinho tão gordinho, a Raposa logo pensou: "Que belo e suculento almoço terei hoje". Ao mesmo tempo, ficou muito intrigada com a concentração e com a intensa atividade do Coelho. Aproximando-se mais e, curiosa por natureza, perguntou:

– Coelhinho, o que você está fazendo aí com tanto carinho e atenção?

– Estou redigindo a parte final (*considerações finais*) de meu Trabalho de Conclusão de Curso (TCC), que tem um *tema* bastante intrigante e inédito: *Os Predadores Naturais do Reino animal*. A *apresentação* do trabalho será no final deste mês e meu *orientador* é muito exigente. E, como todos os *orientadores*, ele é uma fera.

– E o que você está querendo provar com essa tal de mono..., o que mesmo?

– Monografia, sua ignorante, que significa, conforme etimologia (origem) grega da palavra, *mono* (um) e *grafia* (escrita), isto é, um trabalho acadêmico escrito sobre um único tema. Tenho um *problema*: "Quem é realmente predador no reino animal?" Minha *hipótese* (resposta provisória do problema), agora, é a de que "os coelhos é que são os predadores das raposas".

– Ora, que ridícula essa sua hipó..., não sei o quê! Nós, as raposas, é que somos os predadores naturais de coelhos, disse a Raposa, superindignada.

– De jeito nenhum, respondeu o Coelho. Queira, por favor, acompanhar-me até a toca aí em frente que vou lhe mostrar minha *prova experimental*. É preciso demonstrar a *cientificidade* do trabalho para que minhas *considerações finais* tenham validade para os *meios acadêmicos*.

Em seguida, ambos entram na enorme toca. Imediatamente, surgem de lá de dentro alguns ruídos estranhos e, depois, silêncio absoluto. Algum tempo depois, o Coelho volta sozinho e continua na elaboração de seu TCC.

Tão compenetrado ficou que não percebeu a aproximação de um enorme e faminto Lobo, muito feliz por se deparar com tão fácil e belo jantar. O Lobo, como a Raposa, era um analfabeto funcional, pois não conseguia entender o que lia nem sequer escrever um simples bilhete, mas concluiu o II Ciclo do Ensino Fundamental graças a tal "progressão continuada" das escolas públicas estaduais de São Paulo.

No entanto, diante de tamanha concentração do Coelho, o Lobo resolve antes saber a razão de tudo aquilo e pergunta:

– Olá, jovem coelhinho, o que faz você trabalhar com tanto entusiasmo?

– Meu TCC, isto é, minha *monografia científica*. Neste momento estou querendo provar minha *hipótese* de que os coelhos são os predadores naturais dos lobos.

– Coelhinho apetitoso e inocente, isto é uma despropósito, embora eu nem saiba o que quer dizer monografia científica e, muito menos TCC. Hipótese, tema etc. Nós, os lobos, somos os genuínos predadores de coelhos.

– Desculpe-me, senhor Lobo, mas, se quiser, posso lhe apresentar minha *prova experimental*. Acompanhe-me até a toca aí na frente.

– O Lobo não conseguia acreditar na sua sorte: uma bela refeição sem grandes esforços! Ambos entram e, alguns minutos depois, ouvem-se estranhos ruídos de mastigação e... silêncio. Pouco depois, o Coelho, de novo, sai da toca e continua seu trabalho tranquilo e feliz da vida.

Lá dentro do toca, veem-se uma grande pilha de ossos, sangue e restos de pelos de raposa e de lobo. Ao lado da pilha, o Leão, *orientador*, muito bem alimentado e satisfeito com o excelente desempenho do Coelho: um inteligente e competente *orientando*.

Moral: este texto não passa de uma simples adaptação de uma velha fábula. Mas vale a pena seguir sempre seu orientador que, evidentemente, não precisa ser tão fera quanto um leão.

Apêndice X – Pleonasmo – Tautologia

Sobre os dois termos, o *Dicionário Houaiss da Língua Portuguesa* (2001) registra o seguinte:

> Pleonasmo: s. m. 1. Redundância de termos no âmbito das palavras, mas de emprego legítimo em certos casos, pois confere maior rigor ao que está sendo expresso. Tautologia. 2. Excesso de palavras para emitir enunciado que não chega a ser claramente expresso; circunlóquio, circunlocução. 3. Qualidade que vai além da suficiência; superabundância; excesso; inutilidade.
>
> Tautologia: s. f. 1. Uso de palavras diferentes para expressar uma mesma ideia; redundância; pleonasmo. 2. Expressão que repete o mesmo conceito já emitido, ou que só desenvolve uma ideia citada, sem aclarar ou aprofundar sua compreensão.

Seguem algumas expressões muito comuns, principalmente no linguajar cotidiano ou em trabalhos escolares, que os gramáticos consideram de uso inadequado. Para saber a maneira correta de grafá-las, basta retirar a(s) palavra(s) em itálico que a expressão ficará correta.

A razão é *porque*...
A seu critério *pessoal*.
A *última* visão definitiva.
Abertura *inaugural*.
Acabamento *final*.
Adiar *para depois*.
Almirante *da Marinha*.
Amanhecer *o dia*.
Amigo *pessoal*.
Anexo, *junto a esta carta*...
Andar *com os pés*.
Antecipar *para antes*.

Brigadeiro *da Aeronáutica*.
Cair *um tombo*.
Certeza *absoluta*.
Comparecer *em pessoa ou pessoalmente*.
Consenso *de opinião*.
Continua *ainda*.
Continua a permanecer.
Conviver *junto*.
Crenças *pessoais*.
Criação *nova*.
Criar *novos* empregos.

Dar *de graça*.
De sua *livre* escolha.
"Deficit" *negativo*.
Demasiadamente excessivo.
Despesas *com gastos*.
Detalhes *minuciosos*.
Elo *de ligação*.
Empréstimo *temporário*.
Encarar *de frente*.
Entrar *para dentro*.
Erário *público*.
Escolha *opcional*.
Exceder *em muito*.
Exportar para *fora*.
Expressamente proibido.
Fato *real*.
Fundamentos *básicos*.
Ganhar *grátis*.
General *de Exército*.
Goteira do *teto*.
Gritar *alto*.
Há dez anos *atrás*.
'Habitat' *natural*.
Juntamente *com*.
Labaredas *de fogo*.
Manter *o mesmo* time.
Metades *iguais*.

Multidão de *pessoas*.
Nos dias 8, 9 e 10, *inclusive*.
Outra alternativa.
Pequenos detalhes.
Permanecer *ainda*.
Planejamento *prévio*.
Planejar *antecipadamente*.
Possivelmente poderá ocorrer.
Preparação *inicial*.
Projeto *para o futuro*.
Propriedade *característica*.
Quantia *exata*.
Resultado *final*.
Resultados *obtidos*.
Retornar *de novo*.
Revolução *completa*.
Sensível *ao toque*.
Sintomas *indicativos*.
Sonhei *um sonho*.
Subir para *cima*.
Suficientemente *adequado*.
"Superavit" *positivo*.
Surpresa *inesperada*.
Todos foram unânimes.
Uniformemente *consistente*.
Ver *com os olhos*.

Anexos

Anexo I – Modelo de elaboração de projetos de pesquisa acadêmica

NOME DO AUTOR DO PROJETO

TÍTULO DO PROJETO

Identificação das finalidades
do projeto e da instituição
na qual é desenvolvido

INSTITUIÇÃO
LOCALIDADE
ANO

1 IDENTIFICAÇÃO DO PROJETO
　1.1 Título
　1.2 Autor
　1.3 Finalidade (doutoramento, mestrado, conclusão de curso etc.)
　1.4 Instituição
　1.5 Data

2 OBJETIVOS
　2.1 Formulação do problema
　2.2 Delimitação espacial e temporal
　2.3 Objetivo geral
　2.4 Objetivos específicos (nas pesquisas explicativas, identificar as hipóteses; nas descritivas, detalhar o objetivo geral)

3 JUSTIFICATIVA
　3.1 Estágio de desenvolvimento dos conhecimentos referentes ao tema
　3.2 Contribuições potenciais da pesquisa em nível teórico
　3.3 Contribuições potenciais da pesquisa em termos práticos
　3.4 Relevância social do projeto

4 SISTEMA CONCEITUAL
　Definição dos conceitos a serem utilizados na pesquisa, bem como do sistema de classificação conceitual, quando for o caso.

5 TEORIAS DE BASE
　Identificação das teorias ou quadros teóricos de referência que proporcionam orientação geral à pesquisa ou contribuem para a construção de hipóteses.

6 METODOLOGIA
　Tipo de delineamento (bibliográfico, documental, experimental, *ex-post-facto*, levantamento, estudo do caso, pesquisa-ação ou pesquisa participante).
　Operacionalização das variáveis
　Classificação das variáveis segundo sua natureza e suas relações
　Definição operacional das variáveis
　Plano de amostragem
　Técnica de coletas de dados
　Procedimentos para a tabulação de dados
　Procedimentos para a análise dos dados
　Previsão da forma de apresentação dos resultados

7 CRONOGRAMA

8 ANEXOS

9 APÊNDICES

10 REFERÊNCIAS

NOTA: Gil em *Como elaborar um projeto de pesquisa*. São Paulo: Atlas, 1996, p. 150-153, explica, didaticamente e com detalhes, todas as partes de um projeto.

Anexo II – Modelo de elaboração de projeto de pesquisa acadêmica sugerido por Santos e Noronha

Monografias Científicas: TCC – dissertação – tese. São Paulo: Avercamp, 2005. p. 46

1 – **Introdução**: parte essencial em que é apresentado o assunto, delineado o tema, analisada a problemática, definidos os conceitos e especificados os termos adotados.

2 – **Justificativas**: parte na qual o autor mostra o valor da pesquisa e chama a atenção sobre sua relevância.

3 – **Objetivos**: indicação do que se pretende alcançar com a pesquisa e das metas que devem ser atingidas.

4 – **Problema da Pesquisa**: questão central que se pretende pesquisar ao longo do trabalho, formulada, geralmente, na forma interrogativa.

5 – **Hipótese**: resposta provisória ao problema da pesquisa ou a questões a serem estudadas, podendo ser negada(s) ou confirmada(s) ao término da pesquisa.

6 – **Revisão da Literatura (fundamentação teórica)**: apresentação e discussão das opiniões dos autores consultados sobre o tema a ser estudado.

8 – **Metodologia**: detalhamento dos materiais, dos métodos e das técnicas que serão utilizados na realização da pesquisa.

9 – **Cronograma**: indica o tempo necessário para a execução da pesquisa, especificando todas as fases ou etapas.

10 – **Orçamento**: apenas utilizado quando a pesquisa é custeada por fontes financiadoras. Consiste na descrição detalhada das despesas para a realização do trabalho.

11 – **Apêndice**: material elaborado pelo autor da pesquisa no qual constam os instrumentos utilizados para a coleta de dados (entrevistas, questionários, fichas etc.).

12 – **Anexo**: material elaborado por terceiros (formulários, questionários, fotografias, plantas, radiografias, mapas etc.) que é destacado do texto para não quebrar a sequência lógica das seções.

13 – **Referências**: registro de todas as obras citadas e/ou transcritas no desenvolvimento do trabalho.

Anexo III – Leitura 1

Maionese e café
Tradução do texto Mayonnaise Jar and Two Cups of Coffee de Laura Bankston

Quando parece que há coisas demais na vida para você cuidar; quando as 24 horas de um dia não são suficientes, lembre-se da história do balde de maionese e das duas xícaras de café.

Um professor começou a aula de Filosofia com uma série de objetos à sua frente. Sem dizer uma palavra, pegou um enorme balde de maionese vazio e passou a enchê-lo com bolas de golfe. Quando terminou, perguntou aos seus alunos se o balde estava cheio.

Eles concordaram que estava. O professor pegou então uma caixa com cascalho e derramou seu conteúdo no balde. Ele chacoalhou levemente o balde e o cascalho se espalhou pelos espaços abertos entre as bolas de golfe. Ele perguntou novamente aos alunos se o balde estava cheio. Eles responderam que sim. O professor pegou então uma caixa cheia de areia e a derramou no balde. Obviamente, a areia preencheu todo o espaço restante. Ele perguntou mais uma vez se o balde estava cheio. Os alunos responderam com um *sim* unânime. O professor alcançou então duas xícaras de café que estavam sobre a mesa e derramou todo seu conteúdo no balde, preenchendo efetivamente os espaços entre os grãos de areia. Os alunos riram.

– Agora, disse o professor, enquanto duravam as risadas, quero que vocês imaginem que esse balde representa suas vidas. As bolas de golfe são as coisas importantes – Deus, sua família, seus filhos, sua saúde, seus amigos e suas paixões favoritas –, isto é, coisas que preencheriam sua vida, mesmo que todo o resto se perdesse. O cascalho representa as outras coisas que têm valor como seu trabalho, sua casa, seu carro. A areia é todo o resto, coisas pequenas. Se você coloca a areia no balde primeiro, não há espaço para o cascalho ou para as bolas de golfe. A mesma coisa acontece com a vida. Se você gasta todo seu tempo e sua energia com coisas pequenas, nunca haverá espaço para as coisas que são importantes para você. Dê atenção às coisas que são críticas para a sua felicidade. Brinque com seus filhos. Tome o tempo de fazer *check-up* médico. Leve sua parceira ou parceiro para jantar fora. Jogue outros 18 buracos de golfe. Sempre haverá tempo para arrumar a casa e consertar as coisas quebradas. Cuide primeiro das bolas de golfe – as coisas que realmente importam. Defina suas prioridades. O resto é só areia.

Uma das alunas levantou o braço e perguntou o que o café representava. O professor sorriu e respondeu:

– Fico feliz que você tenha perguntado. O café só significa que, não importa quão cheia sua vida possa parecer, sempre há tempo para uma xícara de café com um amigo.

Anexo IV – Leitura 2

Cursos e programas de pós-graduação
Fonte: Jornal *Folha de S.Paulo* – várias publicações durante o ano de 2008.

A Lei de Diretrizes e Bases da Educação Nacional (LDB), nº 9.394, de 20 de dezembro de 1996, diz sobre os cursos e programas de pós-graduação:

Artigo 44 – A educação superior abrangerá os seguintes cursos e programas
I – cursos sequenciais por campo de saber, de diferentes níveis de abrangência, abertos a candidatos que atendam aos requisitos estabelecidos pelas instituições de ensino;
II – de graduação, abertos a candidatos que tenham concluído o ensino médio ou equivalente e tenham sido classificados em processo seletivo;
III – de pós-graduação, compreendendo programas de mestrado e doutorado, cursos de especialização, aperfeiçoamento e outros, abertos a candidatos diplomados em cursos de graduação e que atendam às exigências das instituições de ensino;
IV – de extensão, abertos a candidatos que atendam aos requisitos estabelecidos em cada caso pelas instituições de ensino.

Os cursos de pós-graduação denominados *lato sensu* (sentido amplo) são os de especialização e aperfeiçoamento. Os conhecidos MBA (*Management Business Administration*), embora com carga horária maior e um pouco mais complexos, aqui no Brasil são considerados *lato sensu*. (Os denominados *stricto sensu* (sentido restrito) são os de Mestrado acadêmico ou profissional (master) e o de Doutorado (Ph.D.)).

1 – Especialização

São cursos *lato sensu*, indicados para os profissionais que buscam conhecimentos específicos e alunos que terminam cursos superiores de graduação ou licenciatura e queiram aprofundar seus conhecimentos sobre temas relacionados a uma profissão. As especializações se desenvolvem em períodos de tempo relativamente curtos, normalmente de 12 a 18 meses, num mínimo de 360 horas letivas. O aluno apresenta, ao final do curso, o TCC (Trabalho de Conclusão de Curso). O concluinte recebe certificado expedido pela instituição de educação superior onde fez o curso. Este não precisa ter autorização dos órgãos superiores da educação e o certificado não precisa ser registrado no MEC.

2 – MBA (*Management Business Administration*)

Os MBA são, também, *lato sensu*, um pouco mais complexos e com carga horária maior, média de 600 horas letivas e com duração de 18 a 30 meses. São cursos que atendem pessoas interessadas em desenvolver suas habilidades gerenciais e, por isso mesmo, mais indicados para quem já acumula experiências no mercado de trabalho. Isso permitirá aproveitar ao máximo as aulas e a troca de experiências com professores e colegas. Como as especializações, o aluno, ao término do curso, apresenta o TCC. O concluinte recebe certificado e o curso é organizado pela instituição, sem interferência dos órgãos superiores da educação.

3 – Mestrado Acadêmico

Assim como o mestrado profissional e o doutorado, é um programa *stricto sensu* (sentido restrito). É o equivalente ao *master* (mestre) americano. São para as pessoas que se dedicam a aprofundar os conhecimentos sobre um tema específico. É indicado aos que desejam exercer a docência na educação superior. Tais programas precisam ser recomendados pela CAPES (Coordenação de Aperfeiçoamento de Pessoal de Nível Superior) e aprovados pelo CNE (Conselho Nacional de Educação). Podem ingressar no mestrado os diplomados em curso superior (vale o do tecnólogo) e sua duração é de, pelo menos, 24 meses. O perfil de quem faz o mestrado é variado, incluindo desde recém-formados até profissionais experientes. Ao término do programa, o aluno defende sua dissertação perante uma banca de 3 (três) doutores. O concluinte recebe o diploma registrado no MEC (Ministério da Educação).

4 – Mestrado Profissional

Também concede o título de mestre (equivalente ao *master* americano). Deve ser, também, autorizado e reconhecido pela Capes, e o concluinte recebe um diploma que deve ser registrado no MEC. A diferença em relação ao acadêmico é que seus objetivos são voltados para o mercado. Por serem destinados principalmente a profissionais no mercado, os horários das aulas costumam ser mais flexíveis que os do acadêmico. Ao término do programa, o aluno defende sua dissertação perante uma banca de 3 (três) doutores.

5 – Doutorado

São programas mais complexos de pesquisa e de maior duração, três anos ou mais, e com trabalhos relacionados a temas inéditos, abordados com grande profundidade. Devem ser recomendados pela Capes e reconhecidos pelo CNE. Além do magistério superior, os concluintes também podem se dedicar a pesquisas científicas. Ao término do programa, os alunos defendem tese perante uma banca de 5 (cinco) doutores. Recebem o diploma de doutor (registrado no MEC), equivalente ao Ph.D. americano (*Doctor of Philosophy*).

Anexo V – Leitura 3

A importância da leitura
Fonte: ANDRADE, Maria Margarida. *Introdução à metodologia do trabalho científico*. São Paulo: Atlas, 1993. p. 15.

Apesar de todo o avanço tecnológico observado na área de comunicações, principalmente audiovisuais, nos últimos tempos ainda é, fundamentalmente, através da leitura que se realiza o processo de transmissão/aquisição da cultura. Daí a importância capital que se atribui ao ato de ler, enquanto habilidade indispensável, nos cursos de graduação.

Entre os professores universitários é generalizada a queixa: os alunos não sabem ler! O que pode parecer um exagero tem sua explicação. Os alunos, de modo geral, confundem leitura com simples decodificação de sinais gráficos, isto é, não estão habituados a encarar a leitura como processo mais abrangente que envolve o leitor como o autor, não se empenham em prestar atenção, em analisar o que leem. Tal afirmativa comprova-se com um exemplo simples: é muito comum, em provas e avaliações, os alunos responderem uma questão, com acerto, mas sem correspondência com o que foi solicitado. Pergunta-se, por exemplo, quais as influências observadas?, esperando-se, obviamente, a enumeração das influências; porém a resposta, muitas vezes, aponta a que se referem essas influências e não quais são. Ora, por mais correta que seja a resposta, não atende ao que foi solicitado.

Aprender a ler não é uma tarefa tão simples, pois exige uma postura crítica, sistemática, uma disciplina intelectual por parte do leitor, e esses requisitos básicos só podem ser adquiridos através da prática.

Os livros, de modo geral, expressam a forma pela qual seus autores veem o mundo; para entendê-los é indispensável não só penetrar em seu conteúdo básico, mas também ter sensibilidade, espírito de busca, para identificar, em cada texto lido, vários níveis de significação, várias interpretações das ideias expostas por seus autores.

Já se tornou antológica e obrigatória, quando se trata de leitura, a citação de Paulo Freire, para quem "a leitura do mundo precede a leitura da palavra..."; contudo, torna-se necessário ir mais além:

> Refiro-me a que a leitura do mundo precede a leitura da palavra e a leitura desta implica a continuidade da leitura daquele.
> De alguma maneira, porém, podemos ir mais longe e dizer que a leitura da palavra não é apenas precedida pela leitura do mundo, mas por uma certa forma de "escrevê-lo", ou de "reescrevê-lo", quer dizer de transformá-lo através de nossa prática consciente. (FREIRE, 1984, p. 22)

O processo de ler implica vencer as etapas da decodificação, da intelecção, para se chegar à interpretação e, posteriormente, à aplicação. A decodificação é uma necessidade óbvia, tarefa que qualquer pessoa alfabetizada pode empreender, pois consiste apenas na "tradução" dos sinais gráficos em palavras. A intelecção remete à percepção do assunto, ao significado do que foi lido. A interpretação baseia-se na continuidade da "leitura do mundo", isto é, na apreensão e interpretação das ideias, nas relações entre o texto e o contexto. Vencidas as etapas anteriores, pode o leitor passar à aplicação do conteúdo da leitura, de acordo com os objetivos que se propôs.

Para penetrar no conteúdo, aprender as ideias expostas e a intencionalidade subjacente ao texto, é fundamental que o leitor estabeleça um "diálogo" como o autor, que se transforme, de certa forma, em coautor, a fim de reelaborar o texto, ou seja, "reescrever o mundo", como sugere Paulo Freire.

A leitura do texto, quando o leitor se transforma em sujeito ativo, é um manancial de significações e implicações que vão sendo descobertas a cada leitura.

Anexo VI – Leitura 4

Sobre a vírgula

Fonte: ASSOCIAÇÃO BRASILEIRA DE IMPRENSA (ABI), campanha em comemoração dos 100 anos da ABI.

Vírgula pode ser uma pausa … ou não.
Não, espere.
Não espere.

Ela pode sumir com seu dinheiro.
23,4.
2,34.

Pode ser autoritária.
Aceito, obrigado.
Aceito obrigado.

Pode criar heróis.
Isso só, ele resolve.
Isso só ele resolve.

E vilões.
Esse, juiz, é corrupto.
Esse juiz é corrupto …

Ela pode ser a solução.
Vamos perder, nada foi resolvido.
Vamos perder nada, foi resolvido.

A vírgula muda uma opinião.
Não queremos saber.
Não, queremos saber.

A vírgula pode condenar ou salvar.
Não tenha clemência!
Não, tenha clemência!

Uma vírgula muda tudo.

ABI: 100 anos lutando para que ninguém mude uma vírgula da sua informação.

Sobre o autor

Clóvis Roberto dos Santos é bacharel e licenciado em Pedagogia (ITE – 1966), bacharel em Direito (UBC – 1983), especialista em Administração Escolar (OEA/USP/MEC – 1971) e em Supervisão Escolar (OEA/USP/MEC – 1971), mestre em Educação (Supervisão e Currículo) (PUC/SP – 1992) e doutor em Educação (Currículo) (PUC/SP – 2000).

Foi docente, diretor de escola, supervisor de ensino, delegado de ensino e diretor técnico regional de ensino – na educação básica – e, também, diretor de departamento, assessor e assistente técnico de gabinete na Secretaria de Estado da Educação de São Paulo. Exerceu funções docentes e/ou de chefe de departamento, coordenador de cursos (Metodista, Mackenzie, UNI-A, Fasb, Rio Branco, São Luiz, Fasp), coordenador pedagógico da Unimes (Santos), coordenador do Programa de Mestrado da Unimonte (Santos). Exerceu advocacia, com domicílio profissional em São Paulo.

É docente dos cursos de Direito, Logística, Pedagogia, Radiologia e orientador de TCC das Faculdades Anhanguera – UNI-A, de Santo André-SP; professor visitante de quatro instituições de educação superior. Avaliador de cursos – Sinaes/Inep/MEC – e membro honorário da Academia Paulista de Educação.

Outras obras

Como escrever textos técnicos
José Paulo Moreira de Oliveira e Carlos Alberto Paula Motta

Como estudar
Ron Fry

Estágio supervisionado e trabalho de conclusão de curso
Manolita Correia Lima e Silvio Olivo (orgs.)

Guia para elaboração de monografias e projetos de dissertação de mestrado e doutorado
Maria Martha Hübner

Metodologia da ciência – Filosofia e prática da pesquisa
Fabio Appolinário

Orientação para estágio em turismo – Trabalhos, projetos e monografias – 2ª edição
Anna Cecilia de Moraes Bianchi, Marina Alvarenga e Roberto Bian

Impressão e Acabamento
Bartira
Gráfica
(011) 4393-2911